AF324792

DECLARATION

DV ROY, SVR L'OVVER-
ture de la guerre, contre le
Roy d'Espagne.

*Verifiée en Parlement le 18. Iuin
1635.*

A PARIS,

Par A. ESTIENE, P. METTAYER,
C. PREVOST, & P. ROCOLET,
Imprimeurs ordinaires du Roy.

M. DC. XXXV.

Auec Priuilege de sa Majesté.

DECLARATION DV
Roy, sur l'ouuerture de la guerre,
contre le Roy d'Espagne.

LOVIS par la grace de Dieu, Roy de France & de Nauarre, A tous ceux qui ces presentes Lettres verrōt, Salut. Les grandes & sensibles offenses que ceste Monarchie a receuës en diuers temps de celle d'Espagne, sont si cogneuës de tout le mōde, qu'il est inutile d'en renouueler la memoire. Nous auons long-temps dissimulé les effects de la hayne, & ialousie naturelle que les Espagnols ont contre les François, tant qu'ils n'ont point passé les secretes pratiques qu'ils ont toûjours faites pour arrester le cours de nos prosperitez. Mais lors que leur ambition les a portez, à vouloir ouuertement opprimer les Princes alliez de ceste Couronne, & qu'apres tous les efforts inutiles qu'ils ont faits pour la démembrer, ils ne se sont plus cachez du dessein formé qu'ils ont de l'atta

A ij

quer à force ouuerte, au temps mesme que le mauuais estat de leurs affaires les en deuoit dissuader; Nous ne pouuons, sans deffaillir à nostre Estat, & à nous-mesmes, differer dauantage d'employer les forces que D I E V nous a données, non seulement pour repousser leurs entreprises, mais pour tâcher de les preuenir par vne iuste guerre, que toutes sortes de raisons & de Loix, nous obligent de porter plûtost dans leurs Pays, que de l'attendre dans nostre Royaume. Il y auo't eu lieu d'esperer pendant quelques années, que l'Alliance contractée entre la France & l'Espagne par vn double mariage, ayant cimenté les anciens Traictez de Paix, pourroit enfin affermir le repos de la Chrestienté, que les diuisions de ces deux Couronnes auoient si long-temps tenu en trouble;& l'on se pouuoit promettre auec quelque apparence, vn bon heur si desiré de tout le monde; si, comme la France pour y paruenir auoit sincerement oublié toutes les querelles passées; l'Espagne eust fait cesser aussi de son costé l'injuste desir qu'elle a toûjours conserué, d'vsurper les Estats de ses voisins, pour établir ceste Monarchie vniuerselle, où elle aspire. Mais l'experience ayant fait voir, que ny l'Alliance faite auec elle, ny les bons offices qui luy ont esté rendus en diuers temps, n'ont pû arrester le cours de son ambition démesurée, ny les effets de sa mauuaise volonté; Et qu'au lieu d'appaiser son animosité, ils n'ont seruy qu'à luy faciliter les moyens de l'exercer secrettement par des voyes plus dangereuses; Il a esté impossible, de ne songer pas aux moyens de se garentir des surprises d'vne amitié si prejudiciable, que les deuoirs d'vne saincte liaison, accompagnez de diuers bien-faits, n'ont pû rendre veritable ; & que la trop longue confiance que l'on y a prise pendant plusieurs années, la rendu si fatale à cét Estat. Chacun se peut encor souuenir auec quelle franchise le feu Roy d'heureuse memoire, nostre tres honoré Seigneur & Pere, (que Dieu absolue) s'employa pour faire obtenir aux Espagnols, la Trefue dont ils auoient si grand besoin, auec les Estats des Prouinces vnies des Pays-bas. Il n'y a personne qui ne sçache qu'aux premiers troubles de l'Allemagne, nostre seule entremise fit quitter les armes à tous ceux qu'vne iuste crainte auoit armez contre l'Empereur pour la deffense de leurs Priuileges ; Et que la negociation de nos Ambassadeurs y ayant restably la dignité de l'Empire, y affermit aussi en mesme temps la grandeur de la Maison d'Austriche, que la puissance du party contraire auoit beaucoup esbranlée. La premiere recompense que la France en reçeut quelque temps apres, fut l'occupation de la Valteline sur les Grisons, anciens Alliez de ceste Couronne, faite au milieu de la Paix, & sans autre pretexte, sinon que leurs passages estoient necessaires pour la communication des forces d'Espagne & d'Italie, auec celles d'Allemagne & de Flandres ; la guerre qui fut faite pour la recouurer, les ayant forcez de lascher leur prise. Tout le monde a veu par combien de finesses & interpretations capticuses, ils ont refusé d'executer le Traicté qui fut fait à Moucon, quelques protestations qui leur ayent esté faites depuis, & particulierement pendant les dernieres negociations de la Paix de Querasque, que cét injuste refus seroit enfin la cause d'vne nouuelle guerre. Les diuerses entreprises qu'ils ont faites contre le feu Duc de Sauoye, tant qu'il a esté Allié de la France; L'oppression violente du Duc de Mantouë, seulement parce qu'il est né François, & que ses Estats sont dans vne situation commode, pour estre joincts à celuy de Milan ; Le Duc de Lorraine cinq differentes fois armé contre la Fráce par leur suscitation; Les Traictez faicts, & signez auec les Chefs des Religionnaires de nostre Royaume, pour y former vn corps perpetuel de Rebellion & d'Heresie, au mesme temps qu'ils nous promettoient assistance contr'eux, dont le porteur ayant esté condamné par le jugement d'vn de nos Parlements, a payé de son sang le scandaleux commerce dont il estoit l'entremetteur ; Les continuelles pratiques par leurs Ambassadeurs, pour semer des diuisions iusques dans la famille Royale; Le dessein d'armer la France contre elle-mesme, par vn Traicté dont l'original signé d'eux, est heureusement tombé entre nos mains, lors qu'il n'y auoit aucune apparence de prendre les armes de part ny d'autre, dont D i e v seul a destourné l'effect, par le bon naturel & le iugement de ceux ausquels il a fait cognoistre que c'estoit entreprendre contre eux mesmes, que de suiure vn si mauuais Conseil ; Bref l'assistance d'hommes & d'argent donnée à tous ceux qui ont pû faire des factions dans cét Estat, & les soins obstinez d'armer contre nous & contre nos Alliez, tous ceux qui se sont laissez emporter à leurs persuasions; Ont esté les plus ordinaires fruicts que l'on a cueillis de leur amitié. Nous nous estions contentez

iufques à prefent de rendre inutiles toutes ces entreprifes, & de garentir fimplement nos amis, & noftre
Eftat, des maux qu'ils leur auoient preparez. Mais
ayant recogneu que cefte moderation n'a feruy qu'à
les rendre plus audacieux à tout entreprendre, par
l'opinion que l'exemple du paffé leur a fait prendre,
qu'ils en feroient toûjours quittes par vne Paix, apres
auoir manqué leur coup, fans qu'il y euft à craindre
autre peril pour eux ; Nous auons enfin efté con-
traints de porter plus auant que nous n'auions enco-
re fait, le reffentiment des offenfes qui nous ont efté
faites, afin de faire ceffer pour vne bonne fois l'habi-
tude qu'ils ont prife de nous offenfer fi legerement.
A la verité, apres auoir efprouué que la retenuë où
nous demeurâmes en noftre voyage de Suze, lors que
le paffage des Alpes, ouuert par la force de nos armes, auoit mis l'Eftat de Milan, lors dépoüillé de forces, & de moyens, comme à la difcretion de noftre
Armée victorieufe ; ne pût pas garantir les Grifons,
nos Alliez, de l'inuafion qui leur fut faite auffi-toft
que nous fufmes de retour dans noftre Royaume, ny
l'Italie de l'embrafement, duquel nous l'auions voulu
deliurer, & que les armes eftrangeres y porterent
l'année fuiuante, à la fufcitation mefme de ceux que
nous auions épargnez ; Apres auoir cogneu que la
neutralité que nous auons religieufement gardée
pendant tous les mauuais fuccez des armes d'Auftri-
che dans l'Allemagne, qui nous auoient affez facilité
les moyens de nous vanger de tant d'iniures reçeuës,
fi nous n'euffions toûjours preferé le defir de la paix
publique, à celuy d'vne iufte vengeance ; n'a point do-

ftourné les Efpagnols des conjurations continüelles
qu'ils font contre noftre Eftat, ny diminué l'aigreur
auec laquelle ils trauaillét à nous jetter tous les iours
fur les bras de nouueaux Ennemis, pour nous faire
par autruy, fous les apparences d'vne paix déguifée,
vne guerre couuerte, d'autant plus dangereufe, que
leurs artifices ont efté de tout temps beaucoup plus
à craindre, que leurs forces; & que par ce moyen ils
penfent faire iouyr leurs Eftats des feuretez de la
Paix, en mefme temps qu'ils font fentir aux noftres
toutes les incommoditez, & tous les perils de la guerre. Apres tout cela, voyant aujourd'huy que leur paf-
fion ne leur permet plus de cacher leurs deffeins;
qu'ils font ouuertement des preparatifs par mer &
par terre contre nous ; qu'en mefme temps qu'ils
nous veulent blâmer de l'vnion que nous auons auec
quelques Princes & Eftats Proteftans, anciens Alliez
de cefte Couronne, ils ne craignent pas d'offrir à au-
cuns d'entr'eux des conditions toutes contraires aux
Interefts de la Religion Catholique, quoy qu'elle ayt
toûjours efté le mafque dont ils ont effayé de couurir
l'iniuft.ce de leurs entreprifes; Qu'il n'y a rien qu'ils
ne facent, pour revnir auec eux, ceux mefme auec
lefquels ils nous blâment de nous eftre ioincts; &
qu'ils n'ont point de honte de promettre en mefme
temps à deux partis contraires, des conditions in-
compatibles, pour les tromper l'vn apres l'autre, & fe
feruir cependant de toutes leurs forces, pour faire
attaquer noftre Royaume en diuers endroicts; Et
partant, qu'il n'eft plus queftion que de déliberer fi
nous deuons attendre le feu qu'ils y veulent porter,

ou bien

li bien aller au deuant pour l'esteindre; Nous croi-
ons estre en quelque façon complices des maux
que nos peuples en pourroient souffrir, si par vne iuste préuoyance nous n'employions de bonne heure
les plus puissants remedes qui soient en nostre pouuoir, pour les en garentir; Et si mesmes nous n'expo-
sons (comme nous auons déia fait tant de fois, &
sommes encores resolus de faire de bon cœur) nostre
propre personne pour les defendre. Aussi bien quand
nous ne verrions pas de toutes parts des perils si pre-
sents, il est impossible de ne cognoistre point que l'Espagne a destiné de tout temps la Flandre, pour sa pla-
ce d'armes, & qu'elle y veut establir le siege d'vne
guerre immortelle, non point tant pour assuiettir des
peuples qu'elle a recognus libres, & souuerains par
les Traictez qu'elle a faits auec eux, que pour tenir
nostre Estat en perpetuelle ialousie de ce costé là,
faire de continüelles entreprises sur nos Places fron-
teres, dont les principales ont esté découuertes; Et
auec des troupes aguerries, estre toûiours en estat, ou
de nous surprendre, si nous nous reposions sur la seureté publique, ou de nous consommer pendant la
paix en des dépenses esgalles à celles de la guerre.
Qui ne iugera donc, qu'il est non seulement honora-
ble, mais vtile, de chercher vne plus fauorable seureté
par les armes, & tâcher d'acquerir vne vraye Paix, par
les genereux efforts d'vne guerre ouuerte, que de
laisser plus long temps inutilement consommer les
forces de nostre Estat, & languir nos Subiets sous le
faix des charges qu'ils souffrent pendant la durée d'v-
ne paix douteuse & incertaine, qu'il faut conseruer
auec cent cinquante mil' hommes? Parmy tant de

B

iuftes fuiets qui nous obligent à commencer la guerre, ou plûtoft à nous defendre de celle qu'ils nous
preparent; les Nonces de fa Sainéteté font fideles
tefmoins de la difpofition que nous auons toûiours
euë à la paix, & combien fauorablement nous auons
reçeu les propofitions qu'ils nous en ont faites, encor
qu'eux-mefmes ayent pû recognoiftre qu'elles ont
efté iufques icy aufli deftituées des moyens pour paruenir à vne fi bonne fin, comme elles ont efté des
preuues certaines du zele & bonté paternelle de fa
Sainéteté. Et peut-eftre euffions-nous encor differé
quelque temps de faire entrer nos armées dans les
Eftats de nos ennemis: Et apres auoir bien muny nos
Places, & affemblé de puiffantes forces fur nos fron-
tieres, nous nous ferions contentez d'y attendre les
leurs, & confiderer leur contenance; Mais le droiét
des gens violé par l'outrage qui a efté fait à noftre
tres-cher & tres-amé Coufin l'Eleéteur de Treues, au-
quel tous les Princes de la Chreftienté font interef-
fez; La furprife de fa Ville capitale, où il viuoit en repos, fans donner aucun trouble, ny ialoufie à fes voi-
fins; La détention de fa perfonne, qui s'eftoit mife
fous noftre proteétion, lors qu'il ne la pouuoit reçeuoir d'aucun autre Prince; Le refus de fa liberté, auec
des equiuoques iniurieux, qui femblent nous rendre
autheurs de fa captiuité; Comme fi pour augmenter
l'offenfe qui nous a efté faite en furprenant vne pla-
ce, où nous auions eftably garnifon pour la feureté de
noftre-dit Coufin & à fa priere, ils auoient voulu de
gayeté de cœur y adioûter le mépris, en tenant prifon-
nier vn Archeuefque, Efleéteur de l'Empire; Et la
mocquerie par vne refponfe pleine de dol & de fup-

position. Tant d'iniures aſſemblées ne nous ont pû
permettre de differer dauantage noſtre iuſte reſſentiment. Auſſi ne pourriõs-nous pas nous ſouuenir de la
gloire que nos Predeceſſeurs ont acquiſe en tant de
longs voyages, & de perilleuſes guerres, qu'ils ont
entrepriſes pour ſoûtenir l'honneur de ceſte Couronne, & defendre leurs Alliez, ſans y eſtre conuiez par
leur exemple : Et ne penſerions plus commander à
ceſte Nation belliqueuſe, qui a toûiours eſté la retrai-
te des affligez, & l'appuy des Princes oppeſſimez, ſi
tous nos bons & fideles ſub ects ne prenoient part au
reſſentiment d'vne offenſe qui nous a eſté faite ſi pu-
bliquement, pour nous ayder à en tirer raiſon. Parmy
toutes ces conſiderations, qui font voir comme le
reſſentiment d'vne ſuitte d'anciennes offenſes, re-
nouuellé par des iniures recentes, nous a ſi iuſtement
porté à la rupture contre le Roy d'Eſpagne ; Auant
que de commencer aucune hoſtilité, nous luy auons
enuoyé declarer la guerre par l'vn de nos Heraults,
en la perſonne du Cardinal Infant, qui commande
toutes ſes armées, afin qu'il ne fûſt point ſurpris de l'é-
trée de la noſtre dãs les Pays-bas. A quoy Dieu nous
a fait la grace de nous reſoudre ſi à propos, ſur la co-
gnoiſſance, que par vn merueilleux effet de ſa Proui-
dence il nous auoit donnée de tous les deſſeins de
nos ennemis, qu'en meſme temps qu'ils penſoient
faire entrer dans noſtre Royaume leurs forces de
Flandres, conduittes par le Prince Thomas : Celles
d'Allemagne commandées par le Duc Charles de
Lorraine, & faire deſcendre en nos coſtes de Prouen-
ce l'Armée Naualle, que par vn deſſein premedité de
nous aſſaillir, ils preparoiét il y a ſi long temps ; Nous

B ij

auons par son assistance diuine deffait entierement la
premiere, contraint la seconde à vne honteuse retrai-
cte, apres vne notable perte : Et auons donné si bon
ordre pour reçeuoir la troisiéme, si elle débarque dãs
nos Ports, qu'auec la cõtinüation du secours du Ciel,
qui luy a déia fait sentir les effects de son courroux,
par le naufrage d'vne partie des Galleres & Vaisseaux
dont elle estoit composée, nous esperons que son dé-
barquement ne sera pas plus heureux que sa nauigation. A CES CAVSES, & pour autres grandes &
iustes raisons, à ce nous mouuans : DE nostre certai-
ne science, plaine puissance, & authorité Royale :
Nous auons declaré & declarons par ces presentes,
signées de nostre main, auoir arresté & resolu de faire
doresnauant la guerre ouuerte par mer & par terre
audit Roy d'Espagne, ses subiets, pays, & Vassaux,
pour tirer raison sur eux, des torts, iniures & offenses
que Nous, nos Estats, subiets, & Alliez, en ont reçeuës,
tout ainsi qu'ont fait les Roys nos Predecesseurs en
semblables occasions; auec ferme esperance que la
mesme Bõté diuine, qui voit le fonds de nostre cœur,
& qui a fait paroistre la cognoissance qu'elle a de la
Iustice de nos desseins, par le gain d'vne celebre Ba-
taille, dés l'ouuerture de ceste guerre, nous cõtinuëra
son assistãce, & nous fera la grace par les heureux suc-
cez de nos entreprises, de pouuoir establir vne seure
& durable Paix dans la Chrestienté, qui est la seule fin
que nous nous proposons. Et pour paruenir plus prõ-
ptement, nous cõuions & exhorõts tous les Princes,
Estats & Republiques, qui aiment la Paix, & pren-
nent interest à la liberté publique, de prendre les armes, & se ioindre auec nous pour l'establissement d'v-

ne Paix generale. Et cependant nous ordonnons, &
tres-expreſſément enioignons à tous nos ſubiets, vaſſaux, & ſeruiteurs, de faire cy-apres la guerre par terre & par mer audit Roy d'Eſpagne, ſes Pays, ſubiets,
vaſſaux, & adherants, que nous auons declarez ennemis de noſtre perſonne, & de noſtre-dit Eſtat, comme
ils le ſont du repos public. Leur donnant pour ce faire, pouuoir d'entrer auec forces eſdits Pays, aſſaillir,
& ſurprendre les Villes & Places qui ſont ſous ſon
obeïſſance, y leuer deniers, & contributions, prendre
ſes ſubiets & ſeruiteurs priſonniers, les mettre à ran-
çon, & les traiter ſelon les loix de la guerre. Faiſant
tres-expreſſes defenſes par ces preſentes à tous noſ-
dits ſubiets, vaſſaux, & ſeruiteurs, d'auoir aucune cō-
munication, commerce, & intelligence auec le Roy
d'Eſpagne, ſes adherants, ſeruiteurs, & ſubiets, à peine
de la vie. Auons reuoqué & reuoquons dés à preſent
toutes ſortes de permiſſions, paſſe-ports, & ſauuegar-
des accordées par nous, ou par nos LieutenansGene-
raux, & autres, contraires à la preſente Declaration:
les auons declarées nulles, & de nulle valeur, & fait
defenſes d'y auoir aucun égard. Et d'autant que nous
auons reſolu ſuiuant le Traicté fait auec nous, par nos
tres-chers grands amis, Alliez, & confederez les Srs
les Eſtats des Prouinces vnies des Pays-bas, de porter
ce premier effort de nos armes, conioinctement auec
eux dans les Prouinces deſdits Pays-bas, qui ſont ſous
la domination du Roy d'Eſpagne, tant pour eſſayer
de mettre fin à vne ſi lōgue & importune guerre, que
pour déliurer leſdits Pays des maux qu'ils en ſouf-
frent, & de la ſeruitude où les Eſpagnols les tiennent
depuis tant d'années, pourueu que de leur part ils cō-

tribuent ce qu'ils doiuent pour acquerir leur liberté:
Nous auons declaré & declarons auoir arresté & conuenu auec lesdits Srs les Estats: qu'au cas que les peuples dudit Pays, lors que nos armées y seront entrées,
facent effectiuement retirer les Espagnols, & leurs
adherans de leurs Villes & Places, dans deux mois
apres la publication de la presente Declaration : que
lesdites Prouinces demeureront iointes & vnies en
vn corps d'Estat libre, auec tous droits de souueraineté, sans qu'il puisse estre fait aucun changement, pour
ce qui est de la Religion Catholique Apostolique &
Romaine, qui sera conseruée esdites Prouinces au
mesme estat qu'elle est presentement: Promettant
pour cét effet de la proteger & defendre pendant le
cours de la presente guerre, & en tous les Traitez de
Paix & autres qui pourront estre faits cy-apres pour
la conseruer en son entier, auec les mesmes franchi-
ses, authoritez, droits, libertez, & prérogatiues, dont
tous les Prelats & Ecclesiastiques, soit Corps, Com-
munautez, ou particuliers, iouyssent presentement.
Declarons en outre, suiuant lesdites conuentions faites auec lesdits Srs les Estats, qu'au mesme temps que
lesdites Prouinces, Villes, Princes, Ecclesiastiques,
Seigneurs & particuliers desdits Païs-bas, de quelque
qualité & condition qu'ils soient, se joindront au pre-
sent dessein de l'establissemen t d'vne bonne paix &
seure liberté; Nous promettons de les reçeuoir, &
prendre en nostre protection & alliance, & desdits
Srs les Estats, de faire ligue offensiue & defensiue
auec eux, & d'employer conjoinctement auec lesdits Srs les Estats tout ce qui dépendra de nous, pour
les faire iouyr de l'effet de la presente Declaration,

comme auſſi de les comprendre dans tous les Traitez
de Paix qui pourront eſtre faits à l'aduenir, ſans que
nous deſirions d'eux autre aſſeurance de leur foy, que
des oſtages pour quelque temps, dont il ſera particulierement conuenu. A la charge qu'ils contribuëront
ſeulement de bonne foy, ce qui ſera de leur pouuoir
pour leur propre defenſe. Et au cas qu'en vn meſme
voiſinage trois ou quatre villes viennent à ſe rendre
conjoinctement ou l'vne apres l'autre : Nous auons
encor conuenu qu'elles pourront d'abord former vn
corps d'Eſtat libre, & qu'elles ſeront conſeruées &
maintenuës en cette qualité, auec les Seigneurs &
Gentils-hommes qui ſe trouueront enclauez és ter-
ritoires & voiſinages d'icelles, auec les meſmes droits
& prérogatiues que deſſus. Proteſtant neantmoins &
prenant Dieu & les hommes à témoins, que comme
nous n'auons pris les armes qu'à l'extremité pour noſtre defenſe, & celle de nos amis & Alliez, ſans autre
deſſein que d'eſloigner de nous les incommoditez
d'vne fâcheuſe guerre, oſtāt s'il eſt poſſible des mains
de ceux qui la veulent rendre immortelle, les lieux
dont ils ſe ſeruent pour nous faire du mal : Nous au-
rons vn extréme regret, ſi ceux qui doiuent profiter
de ce deſſein dans les Pays-bas, s'oppoſans au bien &
à la liberté que nous voulons procurer à leur Patrie, ſe
rendent coulpables non ſeulement du dommage que
le public en reçeura, mais des pertes & des ruynes
qu'ils attireront ſur eux-meſmes. Si donnons en
mandement à nos amez & feaux, les Gés tenās nos
Cours de Parlemét, Baillifs, Senéchaux, ou leursLieu-
tenās, que ces preſétes ils faſſent lire, publier & regi-
ſtrer chacun en l'eſtéduë de ſon reſſort & juriſdictió,
& le côtenu en icelles garder, obſeruer & entretenir

ſelon leur forme & teneur, ſans y côtreuenir, n'y per-
mettre qu'il y ſoit contreuenu en aucune maniere.
MANDONS en outre à noſtre tres-cher & tres amé
Couſin le Cardinal Duc de Richelieu, Pair de France,
Grand Maiſtre, Chef & Surintendant General de la
Nauigation & Commerce de ce Royaume : A nos
tres-chers & bien-amez Couſins les Mareſchaux de
Fráce , & aux Gouuerneurs & Lieutenans Generaux
en nos Armées & Prouinces, Mareſchaux de Camp,
Colonels,& Maiſtres de Camp, Capitaines, Chefs, &
Conducteurs de nos gens de guerre, tant de cheual
que de pied, de quelque nation qu'ils ſoient,& à tous
autres nos Officiers qu'il appartiendra, qu'ils facent
executer chacun endroit ſoy, le contenu en ceſdites
preſentes : Car tel eſt noſtre plaiſir. En teſmoin de-
quoy nous auôs fait mettre noſtre ſéel à ceſdites preſentes. DONNɛ' à Chaſteau-Thierry le 6. iour de Iuin,
l'an de grace 1635. & de noſtre regne le 26. Signé,
LOVIS,& plus bas, Par le Roy, SERVIEN. Et ſéel-
lées du grand ſéau de cire jaune. Et encor eſt écrit.

Leuës, publicés, & regiſtrees ; Ouy & ce requerant le
Procureur General du Roy, pour eſtre exeçu ees, gardees,
& obſeruees ſelon leur forme & teneur : Ordonne la Cour
qu'elles ſeront auſſi leuës & publiees aux Carrefours &
lieux accoûumez de ceſte Ville de Paris , & copie d'icellis
eſtre enuoyees aux Bailliages & Seneſchauſſees, pour y eſtre
pareillemér regiſtrees, leuës & publiees, tant aux Audian-
ces, Carrefours,& lieux publics d'iceux, executees ga dees,
& obſeruees à la diligence des Subſtituti dudit Procureur
General du Roy, leſquels ſerô: tenus certifier la Cour auoir
ce fait au mois. A Paris en Parlement le 18. Iuin 1635.
Signé,   DV TILLET.